Manual Para Importar desde China

*Todo lo que Necesitas Saber para
Importar desde China*

Manuales y Soluciones Publishing

Descargo de Responsabilidad

Queremos informar a nuestros lectores y usuarios que cualquier referencia, sugerencia o consejo proporcionado en este contenido sobre inversiones en China se ofrece únicamente con fines informativos y educativos. No nos hacemos responsables de ninguna inversión realizada en China o de cualquier consecuencia que pueda surgir como resultado de dicha inversión. Además, cualquier interpretación errónea o malentendido derivado de la información proporcionada queda fuera de nuestra responsabilidad. Es importante que los lectores realicen su propia investigación y consulten con profesionales financieros antes de tomar decisiones de inversión en cualquier país extranjero, incluida China. Asimismo, recomendamos encarecidamente que la información proporcionada en este libro se complemente con el asesoramiento de un profesional en la materia de importación y aduanas, quien podrá ofrecer orientación específica y personalizada según las circunstancias individuales de cada caso.

CRÉDITOS

© Derechos de autor 2024
Todos los derechos reservados.

Este documento está orientado a proporcionar información exacta y confiable respecto al tema en cuestión. La publicación es vendida con la idea de que el editor no está obligado a prestar servicios calificados, oficialmente permitidos o rendir cuentas de otra manera. Si algún asesoramiento es necesario, ya sea legal o profesional, debe ser ordenado a una persona con experiencia en la profesión.

De una Declaración de Principios la cual fue aceptada y aprobada igualmente por un Comité del Colegio de Abogados de los Estados Unidos y por un Comité de Editores y Asociaciones. De ninguna manera es legal reproducir, duplicar, o transmitir cualquier parte de este documento, ya sea por medios electrónicos

TABLA DE CONTENIDO

CAPÍTULO 1: Fundamentos del Comercio Internacional..1

Capítulo 2: Comparativa de Importar desde China: Cuatro Métodos..8

Capítulo 3: Nichos de mercado y productos......23

Capítulo 4: Tipos de proveedores.....................37

Capítulo 5: Impuestos y aranceles....................58

Capítulo 6: ciudades manufactureras en China...64

Resumen en Varios Pasos................................84

Introducción

En un mundo cada vez más conectado y globalizado, el comercio internacional se erige como un motor fundamental para el crecimiento económico y la expansión de los negocios. Entre las potencias comerciales, China se destaca como una fuerza imponente, no solo por su vasta producción industrial, sino también por su capacidad para ofrecer productos de calidad a precios competitivos. En este contexto, importar desde China se ha convertido en una estrategia clave para empresas y emprendedores de todo el mundo que buscan acceder a un amplio abanico de productos y aprovechar las oportunidades que ofrece el mercado global.

Sin embargo, navegar por el complejo proceso de importación desde China puede resultar desafiante para aquellos que no están familiarizados con sus particularidades. Desde la búsqueda de proveedores confiables hasta la gestión de trámites aduaneros y logísticos, importar desde este gigante asiático requiere de un conocimiento sólido y una cuidadosa planificación.

Desde los conceptos básicos hasta las estrategias avanzadas, esta obra ofrece un enfoque paso a paso para facilitar el proceso de importación, brindando consejos útiles, mejores prácticas y casos de estudio que permitirán a los lectores sortear los desafíos y maximizar las oportunidades en este emocionante camino hacia el éxito empresarial.

Si estas listo para hacer tu primera importación, te esperamos abajo en el **código QR**.

CAPÍTULO 1: FUNDAMENTOS DEL COMERCIO INTERNACIONAL

Los fundamentos del comercio internacional se basan en la idea de que los países, al intercambiar bienes y servicios, pueden mejorar su bienestar económico al aprovechar las ventajas que ofrece la especialización y la apertura de mercados. Uno de los principios clave es el de la ventaja comparativa, desarrollado por el economista David Ricardo. Este concepto sostiene que cada país debe especializarse en la producción de aquellos bienes para los que es más eficiente en relación a otros, incluso si no es el mejor productor en términos absolutos. Así, los países se benefician al enfocarse en lo que pueden producir a menores costos de oportunidad, lo que les permite comerciar con otras naciones para obtener productos que les resultan más costosos producir internamente.

El comercio internacional también promueve la eficiencia económica, ya que los recursos se asignan de manera más óptima a nivel global. Además, facilita la transferencia de tecnología y conocimientos, lo que impulsa la innovación y el crecimiento económico. Los países importan tecnologías avanzadas y desarrollos que no podrían haber generado por sí mismos, acelerando su desarrollo industrial y mejorando la productividad.

Otro aspecto central es la diversificación de los mercados, que permite a los países reducir su dependencia de los mercados internos y acceder a una mayor variedad de bienes y servicios. Esto genera beneficios para los consumidores, quienes disfrutan de más opciones y mejores precios, y para los productores, que acceden a mercados más amplios y pueden aprovechar economías de escala.

CONCEPTOS BÁSICOS DE IMPORTACIÓN

La importación desde China es una práctica común en el mundo del comercio internacional debido a la amplia gama de productos disponibles y los precios competitivos que ofrece el mercado chino. Para aquellos que se aventuran en este proceso, comprender algunos conceptos básicos es fundamental para asegurar transacciones exitosas y evitar contratiempos. Aquí están algunos de los conceptos fundamentales:

Proveedor y fabricante: Es crucial encontrar un proveedor o fabricante confiable en China que ofrezca los productos que deseas importar. Puedes buscar proveedores a través de ferias comerciales, directorios en línea, referencias de otros negocios o utilizando servicios de verificación de proveedores.

Producto y especificaciones: Antes de importar, debes tener claro qué productos deseas adquirir y cuáles son sus especificaciones técnicas, características y estándares de calidad. Comunicar claramente tus requerimientos al proveedor es esencial para evitar malentendidos y garantizar la satisfacción del cliente final.

Incoterms: Los Incoterms son términos estándar internacionalmente reconocidos que definen las responsabilidades y los costos de la importación, incluyendo el transporte, seguro y trámites aduaneros. Algunos de los Incoterms comúnmente utilizados son FOB (Free On Board), CIF (Cost, Insurance, Freight), y EXW (Ex Works).

Documentación aduanera: La importación desde China implica una serie de documentos aduaneros, como la factura comercial, el conocimiento de embarque (Bill of Lading), la lista de empaque y otros documentos específicos requeridos por el país importador. Es fundamental asegurarse de tener toda la documentación en regla para evitar demoras en la aduana.

Aranceles y regulaciones: Es importante comprender los aranceles de importación y otras regulaciones comerciales que pueden afectar el costo y la viabilidad de importar desde China. Esto incluye impuestos de importación, normativas de seguridad y calidad, y restricciones específicas de productos.

Inspección de la calidad: Antes de embarcar la mercancía desde China, es recomendable realizar una inspección de calidad para verificar que los productos cumplen con los estándares acordados. Esto puede realizarse mediante una inspección in situ o mediante servicios de inspección de terceros.

Logística y transporte: Coordinar el transporte de la mercancía desde China hasta su destino final es una parte crucial del proceso de importación. Esto incluye seleccionar el método de transporte más adecuado (marítimo, aéreo o terrestre), así como gestionar el almacenamiento y la distribución de la mercancía una vez que llega al país importador.

Ventajas de importar desde China

Importar desde China ofrece una serie de ventajas y desventajas que deben ser cuidadosamente evaluadas por los empresarios y emprendedores antes de tomar decisiones comerciales. Aquí están algunas de las principales:

Ventajas:

Costos competitivos: China es conocida por ofrecer productos a precios muy competitivos debido a su mano de obra relativamente barata y a su gran capacidad de producción en masa. Esto permite a las empresas obtener productos a precios más bajos en comparación con otros mercados.

Variedad de productos: China cuenta con una amplia gama de productos disponibles en prácticamente todos los sectores industriales. Desde textiles y electrónicos hasta maquinaria y productos químicos, los importadores tienen acceso a una gran diversidad de opciones para satisfacer las necesidades de sus clientes.

Capacidad de fabricación: La infraestructura industrial y la experiencia manufacturera de China son incomparables en muchos aspectos. Esto permite a las empresas obtener productos de alta calidad en grandes cantidades y en tiempos de producción relativamente cortos.

Flexibilidad en los pedidos: Los fabricantes chinos suelen estar dispuestos a aceptar pedidos de diferentes tamaños, lo que es beneficioso para pequeñas y medianas empresas que pueden necesitar cantidades de productos más pequeñas en comparación con las grandes corporaciones.

Tecnología avanzada: China ha invertido considerablemente en tecnología e innovación en los últimos años. Esto significa que los importadores pueden acceder a productos con tecnología de vanguardia a precios competitivos.

Regulaciones y tratados

Las regulaciones aduaneras en Latinoamérica y los tratados comerciales entre China y países latinoamericanos varían según el país y el acuerdo específico.

Regulaciones Aduaneras en Latinoamérica

Aranceles y Tarjetas

Los aranceles de importación varían entre países. Cada país tiene su propia estructura arancelaria basada en la clasificación de productos según el Sistema Armonizado (SA).

Algunos países tienen aranceles adicionales, como el IVA (Impuesto al Valor Agregado) sobre las importaciones.

Documentación

Factura comercial: Detalles del vendedor, comprador, y una descripción detallada de los productos.
Lista de empaque: Describe el contenido de cada paquete.
Conocimiento de embarque (Bill of Lading): Documento de transporte que sirve como recibo del envío.
Certificado de origen: Indica el país de origen de los productos, necesario para determinar los aranceles aplicables.
Declaración de aduanas: Documento detallado de los bienes que se importan.

Restricciones y Prohibiciones

Cada país tiene regulaciones específicas sobre productos restringidos o prohibidos, que pueden incluir alimentos, productos farmacéuticos, productos químicos y otros.

Normas Técnicas y Sanitarias

Los productos deben cumplir con las normas técnicas y sanitarias locales, lo que puede incluir certificaciones y pruebas específicas.

Tratados Comerciales entre China y Países Latinoamericanos
China ha firmado varios tratados de libre comercio (TLC) y acuerdos bilaterales con países de Latinoamérica para fomentar el comercio y la inversión. Algunos de los acuerdos más destacados incluyen:

Chile

Tratado de Libre Comercio (TLC) firmado en 2006.
Protocolo Adicional al TLC para la profundización del acuerdo, firmado en 2017.

Perú

Tratado de Libre Comercio (TLC) firmado en 2009.
Incluye compromisos en áreas como bienes, servicios, inversiones, y cooperación aduanera.

Costa Rica

Tratado de Libre Comercio (TLC) firmado en 2011.
Cubre comercio de bienes, servicios, inversiones y cooperación.

Panamá

Tratado de Libre Comercio (TLC) firmado en 2018. Abarca áreas como el comercio de bienes, servicios, inversiones, y medidas sanitarias y fitosanitarias.

Uruguay

No tiene un TLC completo, pero sí acuerdos de cooperación económica y comercial.

México

Aunque no tiene un TLC directo con China, ambos países tienen varios acuerdos de cooperación y están explorando formas de aumentar el comercio bilateral.

Capítulo 2: Comparativa de Importar desde China: Cuatro Métodos

Importar desde China puede ser un proceso complejo, y la elección del método adecuado depende de diversos factores como la experiencia, los recursos disponibles y las necesidades específicas del negocio. Aquí, comparamos cuatro métodos comunes para importar desde China: a través de una agencia de aduanas, mediante un bróker establecido en China, negociando en persona, y comprando por Internet sin experiencia previa.

Método 1: A través de una Agencia de Aduanas

Expertise y Asesoramiento: Las agencias de aduanas están familiarizadas con las regulaciones y procedimientos aduaneros, lo que minimiza errores y retrasos.

Gestión Integral: Se encargan de toda la documentación y trámites necesarios, desde la inspección hasta el pago de aranceles.

Seguridad y Confianza: Al ser profesionales del área, proporcionan un nivel de seguridad y confianza elevado.

Método 2: A través de un Bróker Establecido en China

Conocimiento Local: Los brokers tienen un conocimiento profundo del mercado local y pueden identificar proveedores confiables.

Red de Contactos: Su red de contactos facilita la negociación y obtención de mejores precios y condiciones.

Ahorro de Tiempo: El broker se encarga de la búsqueda y negociación, ahorrando tiempo al importador.

Método 3: Ir Personalmente a China y Negociar en Persona

Control Total: Al negociar en persona, se tiene control directo sobre las negociaciones y la selección de proveedores.

Relaciones Directas: Permite establecer relaciones personales y de confianza con los proveedores.
Inspección de Productos: Se puede inspeccionar la calidad de los productos directamente antes de hacer una compra.

Método 4: Comprar en Internet desde Casa sin Tener Experiencia

Conveniencia: Se puede realizar todo el proceso desde la comodidad del hogar, sin necesidad de viajar.

Accesibilidad: Plataformas como Alibaba y Made-in-China.com facilitan el acceso a miles de proveedores.

Menor Inversión Inicial: Es posible comenzar con pequeñas cantidades de productos para probar el mercado.

EL TIEMPO ES ORO: LA IMPORTANCIA DE CONTRATAR UN BROKER PARA IMPORTACIONES

En el ámbito del comercio internacional, hay un adagio que siempre resuena con gran verdad: el tiempo es oro. Esta afirmación es especialmente relevante cuando se trata de la importación de mercancías o productos desde el extranjero. La eficiencia y la rapidez en los procesos son cruciales para el éxito de cualquier operación comercial. Por esta razón, contratar a un broker especializado en importaciones puede ser la mejor decisión que una empresa pueda tomar, evitando así la pérdida de tiempo y dinero.

La Complejidad del Proceso de Importación

Importar productos desde otro país no es una tarea sencilla. Requiere un profundo conocimiento de las regulaciones aduaneras, las tarifas arancelarias, la documentación necesaria y los procedimientos logísticos. Sin la experiencia y el conocimiento adecuado, es fácil cometer errores que pueden resultar en costosas demoras, cargos adicionales y, en el peor de los casos, la retención o confiscación de la mercancía.

La Eficiencia de un Broker

Un broker de importación posee la experiencia y el conocimiento necesario para navegar por el complejo entramado de regulaciones y procedimientos aduaneros. Su papel es fundamental para asegurar que el proceso se realice de manera eficiente y sin contratiempos. Al contratar a un broker, las empresas pueden delegar todas las responsabilidades relacionadas con la importación, permitiéndoles concentrarse en sus actividades principales y en la expansión de su negocio.

Ahorro de Tiempo y Recursos

El tiempo invertido en aprender y gestionar los detalles de una importación puede ser significativo. Cada hora dedicada a resolver problemas logísticos o a lidiar con trámites aduaneros es una hora que no se invierte en la producción, el marketing o la venta de productos. Un broker se encarga de estos aspectos, optimizando el tiempo y los recursos de la empresa. Además, gracias a su experiencia, un broker puede evitar errores comunes que pueden resultar en pérdidas financieras, garantizando una importación más rápida y eficiente.

Evitar Pérdidas Financieras

La falta de conocimiento y experiencia en importaciones puede llevar a errores costosos. Estos errores pueden incluir el pago excesivo de aranceles, la compra de productos de baja calidad, o problemas con el transporte y la logística que pueden causar retrasos significativos. Un broker reduce estos riesgos al manejar cada aspecto del proceso de importación con precisión y profesionalismo.

El tiempo es crucial en los negocios y tenemos que siempre estar dos pasos adelante para poder aprovechar tendencias y tener la mercancía a tiempo en nuestro negocio. Por este mismo motivo te invito a contratar al mejor Broker en China para poder comprar tu mercancía y enviarla en tiempo y forma sin perder tiempo ni dinero.

PLATAFORMAS EN INTERNET PARA COMPRAR AL POR MAYOR

Comprar al por mayor desde China puede ser una estrategia efectiva para obtener productos a precios competitivos y ampliar tu oferta comercial. A continuación, te presento algunas de las plataformas más confiables y populares para realizar compras al por mayor desde China:

1. Alibaba

Descripción: Alibaba es una de las plataformas B2B más grandes y conocidas del mundo. Ofrece una amplia gama de productos en diversas categorías, desde electrónica hasta ropa y maquinaria.

Características:

- Extensa red de proveedores.
- Opciones de verificación de proveedores para mayor seguridad.
- Facilidades para personalizar productos.
- Herramientas de comunicación integradas para negociar directamente con los proveedores.

2. Made-in-China

Descripción: Made-in-China es otra plataforma B2B bien

establecida que conecta a compradores globales con fabricantes chinos.

Características:

- Gran variedad de productos y categorías.
- Información detallada sobre los proveedores.
- Certificaciones y verificaciones para asegurar la confiabilidad de los proveedores.
- Facilidades para solicitar cotizaciones y muestras.

3. Global Sources

Descripción: Global Sources es una plataforma que ofrece productos de alta calidad y conecta a compradores con proveedores verificados.

Características:

- Proveedores sometidos a rigurosos procesos de verificación.
- Amplia gama de productos, especialmente en electrónica y moda.
- Herramientas para la gestión de pedidos y seguimiento de envíos.

4. DHgate

Descripción: DHgate es una plataforma B2B que ofrece una amplia gama de productos a precios competitivos, adecuada tanto para pequeñas como grandes empresas.

Características:

- Gran variedad de productos en diferentes categorías.
- Opciones de compra en pequeñas cantidades para probar productos.
- Proveedores verificados y sistema de protección del comprador.
- Facilidad de uso y herramientas de comunicación con proveedores.

6. 1688.com

Descripción: 1688.com es una plataforma B2B local de Alibaba, dirigida principalmente al mercado chino, pero también utilizada por compradores internacionales.

Características:

- Precios altamente competitivos.
- Gran variedad de productos y proveedores.
- Ideal para compradores que pueden comunicarse en chino o tienen acceso a intermediarios.

7. HKTDC

Descripción: El Hong Kong Trade Development Council (HKTDC) ofrece una plataforma B2B que conecta a compradores con proveedores de Hong Kong y China continental.

Características:

- Proveedores de alta calidad y verificados.
- Foco en productos innovadores y de diseño.
- Facilidades para participar en ferias comerciales virtuales y físicas.

8. Chinabrands

Plataforma mayorista B2B que ofrece productos variados como moda, accesorios y electrónicos, con enfoque en dropshipping.

Catálogo amplio: Ofrece productos en categorías como moda, electrónica, salud, belleza, hogar, juguetes y más.
Precios competitivos: Al ser una plataforma mayorista, ofrece precios reducidos, lo que es ideal para empresas que buscan margen de beneficio en sus ventas.
Envío global: Chinabrands realiza envíos a más de 200 países, con varios métodos de envío disponibles, desde opciones económicas hasta envíos exprés.
Control de calidad: Aseguran la calidad de los productos, ofreciendo garantías y reembolsos en caso de productos defectuosos.

MI PLATAFORMA PREFERIDA

Cuando se trata de comprar productos al por mayor desde China, mi plataforma preferida es, sin duda, 1688.com. Esta plataforma es una joya para aquellos que buscan productos de alta calidad a precios increíblemente bajos.

Sin embargo, para aprovechar al máximo los beneficios de 1688.com y asegurar una importación exitosa, es esencial contar con un broker ya establecido en China, ya que los fabricantes de esta plataforma no realizan envíos directos a Latinoamérica (LATAM).

Bajos Precios y Gran Variedad

1688.com se destaca por ofrecer productos a precios que son difíciles de igualar. Al estar orientada principalmente al mercado interno chino, los costos son considerablemente más bajos en comparación con otras plataformas de comercio internacional. Esto permite a los compradores obtener productos de alta calidad a precios muy competitivos, lo que puede traducirse en mayores márgenes de ganancia al venderlos en mercados internacionales.

La plataforma cuenta con una enorme variedad de productos que abarcan múltiples categorías, desde ropa y accesorios hasta productos electrónicos y maquinaria industrial. Esta diversidad hace de 1688.com una opción ideal para negocios de cualquier tamaño y sector.

Necesidad de un Broker en China

Uno de los aspectos clave a considerar al utilizar 1688.com es que la mayoría de los fabricantes no están preparados para gestionar envíos internacionales, especialmente a LATAM. Aquí es donde entra en juego la importancia de tener un broker o agente de compras en China.

Funciones del Broker:

Recepción y Almacenamiento:

El broker se encarga de recibir la mercancía en su almacén en China. Este paso es crucial ya que asegura que los productos lleguen a un punto de consolidación antes de ser enviados internacionalmente.
Verificación y Control de Calidad:

Los brokers pueden realizar inspecciones y verificaciones de los productos antes de su envío, garantizando que cumplan con los estándares de calidad acordados y que no haya errores en los pedidos.

Gestión de Envíos Internacionales:

Una vez que la mercancía está en el almacén del broker, este se encarga de coordinar el envío internacional hacia LATAM. Esto incluye la gestión de toda la documentación necesaria y la negociación con transportistas para asegurar el mejor precio y servicio.

Consolidación de Cargas:

Si compras productos de varios proveedores, el broker puede consolidar todas las cargas en un solo envío, lo que reduce costos de transporte y simplifica el proceso logístico.

Ventajas de Utilizar 1688.com con un Broker

Ahorro de Costos: Los bajos precios de 1688.com

combinados con la eficiencia de un broker pueden resultar en un ahorro significativo en comparación con otras opciones de compra.

Eficiencia Logística: Los brokers manejan todos los aspectos logísticos, lo que permite a los compradores concentrarse en otros aspectos de su negocio.

Reducción de Riesgos: La experiencia y conocimientos del broker ayudan a mitigar riesgos relacionados con la importación, desde problemas de calidad hasta complicaciones aduaneras.

Acceso a una Mayor Variedad de Productos: La capacidad de consolidar productos de diferentes proveedores permite explorar y acceder a una amplia gama de productos sin complicaciones adicionales.

1688.com es una plataforma excepcional para aquellos que buscan productos a precios competitivos en China. Sin embargo, para maximizar sus beneficios y asegurar una importación sin problemas a LATAM, es esencial contar con un broker confiable en China. Este intermediario no solo facilita la recepción y envío de mercancías, sino que también asegura que todo el proceso sea eficiente, seguro y rentable. Al combinar las ventajas de 1688.com con la experiencia de un broker, los negocios pueden disfrutar de una cadena de suministro optimizada y libre de complicaciones.

CÓMO NEGOCIAR CON LOS CHINOS

Negociar con proveedores chinos es una habilidad esencial para quienes desean importar productos de manera efectiva y rentable. Este proceso requiere una comprensión profunda de las diferencias culturales, estrategias de negociación y una comunicación clara y respetuosa. A continuación, se detalla un enfoque estructurado para negociar exitosamente con proveedores chinos.

Preparación Previa

Investigación Exhaustiva:

Antes de iniciar cualquier negociación, es fundamental investigar a fondo sobre el proveedor. Esto incluye revisar su historial, calificaciones, certificaciones y reseñas de otros compradores. Plataformas como Alibaba y 1688.com ofrecen herramientas para verificar la autenticidad y reputación de los proveedores.

Definición de Objetivos:

Clarifica tus objetivos de negociación. Define claramente el precio objetivo, las cantidades de pedido, los plazos de entrega y los términos de pago. Tener una idea clara de tus prioridades te ayudará a negociar de manera más efectiva.

Inicio de la Negociación

Primera Toma de Contacto:

La primera impresión es crucial. Inicia la comunicación de manera profesional y respetuosa. Presenta tu empresa y tus necesidades de manera clara. Utiliza herramientas de comunicación como correos electrónicos, WeChat o plataformas de mensajería integradas en los sitios web de comercio.

Establecimiento de Confianza:

La construcción de una relación de confianza es fundamental en la cultura empresarial china. Muestra interés en el negocio del proveedor y sé paciente. La confianza se construye a través de interacciones constantes y demostraciones de seriedad y compromiso.

Técnicas de Negociación

Propuestas y Contraofertas:

Es común que los proveedores chinos ofrezcan precios iniciales altos, anticipando negociaciones. Realiza contraofertas razonables y justifica tus propuestas con argumentos sólidos, como volúmenes de compra y comparaciones de mercado.

Flexibilidad y Compromiso:

La negociación en China a menudo implica un toma y daca. Sé flexible y dispuesto a comprometer en ciertos aspectos mientras mantienes tus objetivos principales. Mostrar disposición a ajustar términos puede facilitar el cierre de un acuerdo.

Enfoque en el Valor:

No te centres únicamente en el precio. Discute otros aspectos del acuerdo, como la calidad del producto, los plazos de entrega, las garantías y los términos de pago. Un enfoque integral puede resultar en un acuerdo más beneficioso para ambas partes.

Aspectos Culturales

Respeto y Cortesía:

El respeto y la cortesía son fundamentales en las interacciones comerciales chinas. Evita la confrontación directa y mantén un tono positivo y profesional en todo momento.

Paciencia y Persistencia:

La negociación con proveedores chinos puede ser un proceso lento. La paciencia es clave. No apresures el proceso y sé persistente en tu comunicación y seguimiento.

Entendimiento de la Jerarquía:

Las decisiones a menudo se toman a nivel gerencia. Asegúrate de que estás comunicándote con la persona adecuada que tiene la autoridad para tomar decisiones.

Cierre de la Negociación

Formalización del Acuerdo:

Una vez que se haya llegado a un acuerdo, formaliza todos los términos por escrito. Asegúrate de que el contrato incluya detalles sobre precios, cantidades, plazos de entrega, términos de pago y cualquier otra condición relevante.

Seguimiento y Comunicación Continua:

Mantén una comunicación constante con el proveedor después de cerrar el acuerdo. Esto asegura que todas las partes estén alineadas y que cualquier problema potencial se aborde rápidamente.

Capítulo 3: Nichos de mercado y productos

Un nicho de mercado es un segmento específico y bien definido dentro de un mercado más amplio, que se caracteriza por tener necesidades y preferencias particulares. Identificar y enfocarse en un nicho de mercado puede ser una estrategia efectiva para diferenciarse de la competencia y atraer a un grupo de clientes altamente específicos y leales.

Importancia de los Nichos de Mercado

Elegir un nicho de mercado adecuado permite a las empresas:

Centrarse en un grupo específico de clientes: Atender necesidades y deseos específicos de un segmento particular del mercado.

Reducir la competencia: Enfocarse en un área menos saturada del mercado, donde hay menos competidores.

Mejorar la rentabilidad: Ofrecer productos o servicios que tienen un mayor valor percibido para el nicho específico.

Posicionarse rápidamente: Ganar reconocimiento y lealtad en un segmento más pequeño y manejable.

Aspectos Clave para Elegir un Nicho de Mercado

1. Poca Competencia

Análisis del Mercado: Investigar cuántas empresas están actualmente atendiendo el nicho potencial. Utiliza herramientas de análisis de mercado y competencia para evaluar el nivel de saturación

Identificación de Brechas: Busca áreas donde la demanda de los consumidores no está siendo satisfecha adecuadamente. Esto puede ser un signo de oportunidad para ingresar en ese nicho.

2. Rentabilidad

Análisis de Costos y Precios: Evalúa los costos de producción y los precios que los clientes están dispuestos a pagar. Un nicho rentable debe permitirte mantener márgenes de ganancia saludables.

Poder Adquisitivo del Cliente: Asegúrate de que el nicho tenga clientes con suficiente poder adquisitivo para pagar tus productos o servicios.

3. Rápido Posicionamiento

Demanda del Mercado: Opta por un nicho con una alta demanda no satisfecha. Los productos o servicios que resuelven problemas urgentes o necesidades insatisfechas tienden a posicionarse más rápido.

Marketing y Visibilidad: Evalúa qué tan fácil es llegar a tu público objetivo a través de estrategias de marketing digital, SEO, redes sociales y otros canales de comunicación.

Otros Aspectos a Considerar

4. Pasión y Conocimiento

Interés Personal: Elegir un nicho que te apasione puede ser un motor de motivación y resiliencia. Además, tu conocimiento y experiencia en el área pueden aportar un valor añadido.

Expertise: Tener un conocimiento profundo del nicho te permite ofrecer soluciones más valiosas y diferenciadas.

5. Tendencias del Mercado

Análisis de Tendencias: Mantente actualizado con las tendencias y cambios en el mercado. Identificar tendencias emergentes puede abrir oportunidades para nuevos nichos.
Innovación: Considera cómo la innovación tecnológica o social puede impactar el nicho y cómo puedes aprovechar esas oportunidades.

6. Accesibilidad y Escalabilidad

Acceso al Mercado: Evalúa qué tan fácil es acceder y operar en el nicho elegido. Considera barreras de entrada como regulaciones, capital inicial, y conocimientos técnicos.

Potencial de Crecimiento: Asegúrate de que el nicho tenga potencial para expandirse y crecer. Un nicho demasiado limitado puede restringir el crecimiento a largo plazo de tu negocio.

7. Feedback del Cliente

Investigación de Clientes: Realiza encuestas y entrevistas con clientes potenciales para entender mejor sus necesidades y expectativas.
Prototipado y Pruebas: Prueba tus productos o servicios en el mercado con una muestra pequeña antes de invertir significativamente. Utiliza el feedback para mejorar tu

oferta.

Nichos y productos

Electrónica y Tecnología

• **Smartphones y Accesorios:** Cubriendo desde teléfonos móviles hasta cargadores inalámbricos y fundas.
• **Gadgets Inteligentes:** Incluyendo smartwatches, pulseras de actividad, asistentes virtuales y cámaras de seguridad.
• **Componentes Electrónicos:** Chips, sensores, placas de circuito y otros componentes esenciales para la fabricación electrónica.

Juguetes y Juegos

• **Juguetes Educativos:** Enfocados en el aprendizaje y desarrollo infantil, como bloques de construcción, rompecabezas y kits de ciencia.
• **Juguetes Tecnológicos:** Drones, robots y otros juguetes electrónicos avanzados.
• **Juguetes Tradicionales:** Muñecas, coches de juguete y peluches.
• **Rompecabezas:** Desde rompecabezas de madera y 3D hasta rompecabezas tradicionales de cartón.

Maquinaria y Equipos Industriales

• **Maquinaria CNC:** Máquinas de corte y fresado controladas por computadora para manufactura precisa.
• **Equipos de Construcción:** Andamios, excavadoras y

herramientas eléctricas para construcción.
- **Equipos Agrícolas:** Tractores, sembradoras y sistemas de riego automatizados.

Productos de Belleza y Cuidado Personal

- **Cosméticos y Maquillaje:** Gamas de productos para el cuidado de la piel, maquillaje y tratamientos de belleza.
- **Dispositivos de Belleza:** Cepillos faciales, depiladoras láser y masajeadores.
- **Productos de Cuidado del Cabello:** Planchas, secadores y tratamientos capilares.

Productos de Oficina y Papelería

- **Mobiliario de Oficina:** Escritorios ergonómicos, sillas y estaciones de trabajo.
- **Suministros de Papelería:** Cuadernos, bolígrafos, lápices y organizadores de escritorio.
- **Equipos de Oficina:** Impresoras, destructoras de documentos y proyectores.

Joyas

- **Bisutería:** Collares, pulseras, anillos y pendientes hechos de materiales como vidrio, metal y piedras semipreciosas.
- **Joyas de Lujo:** Piezas de oro, plata y platino con piedras preciosas y semipreciosas.
- **Joyas Personalizadas:** Diseños a medida y grabados personalizados.

Accesorios para Autos

- **Accesorios de Interior:** Fundas de asiento, alfombrillas, organizadores y sistemas de entretenimiento.
- **Accesorios de Exterior:** Cubrevolantes, faros LED, spoilers y kits de carrocería.
- **Herramientas y Equipos:** Kits de herramientas para reparación y mantenimiento de autos.

Libros

- **Libros Educativos:** Materiales educativos y didácticos para todas las edades.
- **Libros de Ficción y No Ficción:** Amplia gama de géneros literarios.
- **Libros Infantiles:** Libros ilustrados, cuentos y materiales de aprendizaje para niños.

Productos de Hogar y Jardín

- **Muebles de Ensamblaje Rápido:** Muebles fáciles de montar y personalizar para hogares modernos.
- **Decoración del Hogar:** Artículos decorativos como lámparas, cuadros, cojines y alfombras.
- **Herramientas de Jardinería:** Incluyendo herramientas manuales, macetas inteligentes y sistemas de riego.
- **Materiales de PVC:** Paredes, techos y pisos de PVC para uso doméstico y comercial.
- **Drywall:** Placas de yeso para construcción y remodelación de interiores.

Productos de Cocina y Comedor

• **Utensilios de Cocina:** Ollas, sartenes, cuchillos y herramientas de cocina especializadas.
• **Electrodomésticos de Cocina:** Batidoras, freidoras de aire y robots de cocina.
• **Vajilla y Cristalería:** Platos, vasos, copas y utensilios de mesa elegantes.

Herramientas

• **Herramientas Manuales:** Destornilladores, alicates, llaves inglesas y martillos.
• **Herramientas Eléctricas:** Taladros, sierras, lijadoras y amoladoras.
• **Equipos de Medición:** Cintas métricas, niveles, calibradores y multímetros.

Productos de Iluminación

• **Iluminación LED:** Bombillas, tiras LED y lámparas.
• **Iluminación Industrial:** Focos de alta intensidad, luces de emergencia y reflectores.
• **Iluminación Decorativa:** Luces para jardín, lámparas de pie y luces colgantes.

Artículos de Deporte y Recreación

• **Equipos de Gimnasia:** Pesas, cintas de correr y máquinas de remo.
• **Artículos Deportivos:** Balones, raquetas, patinetas y

bicicletas.
- **Accesorios de Camping:** Tiendas de campaña, sacos de dormir y mochilas.

Productos para Bebés y Niños

- **Ropa y Accesorios para Bebés:** Ropa de recién nacido, pañales y mantas.
- **Juguetes para Bebés:** Sonajeros, mordedores y juguetes de estimulación temprana.
- **Mobiliario Infantil:** Cunas, sillas de comer y cochecitos.

Productos de Viaje

- **Equipaje:** Maletas, mochilas y bolsas de viaje.
- **Accesorios de Viaje:** Almohadas de viaje, organizadores de equipaje y adaptadores de enchufe.
- **Ropa de Viaje:** Ropa cómoda y funcional para viajar.

Productos Ecológicos

- **Productos Reutilizables:** Bolsas de compra, botellas de agua y pajitas de acero inoxidable.
- **Energía Renovable:** Paneles solares, generadores eólicos y baterías recargables.
- **Productos Biodegradables:** Utensilios de cocina, empaques y productos de limpieza.

Productos de Entretenimiento

- **Juegos de Mesa:** Cartas, tableros y juegos de estrategia.
- **Artículos para Fiestas:** Decoraciones, disfraces y juegos para fiestas.

- **Electrónica de Entretenimiento:** Consolas de videojuegos, proyectores y equipos de sonido.

Productos de Seguridad

- **Sistemas de Vigilancia:** Cámaras de seguridad, alarmas y sensores de movimiento.
- **Equipos de Protección Personal:** Cascos, guantes y gafas de seguridad.
- **Seguridad para el Hogar:** Cerraduras inteligentes, detectores de humo y cajas fuertes.

Productos de Automoción

- **Piezas de Repuesto:** Filtros, frenos y baterías.
- **Accesorios de Mejora:** Sistemas de audio, GPS y kits de rendimiento.
- **Productos de Cuidado del Automóvil:** Ceras, limpiadores y aspiradoras portátiles.

Artículos de Regalo y Souvenirs

- **Regalos Personalizados:** Llaveros, tazas y camisetas con diseños personalizados.
- **Souvenirs Turísticos:** Miniaturas, imanes y postales.
- **Cestas de Regalo:** Conjunto de productos temáticos para diferentes ocasiones.

Estos son algunos de los nichos en los que puedes incursionar, siempre y cuando hagas una investigación previa a la negociación y compra.

Te recomiendo que te enfoques en un nicho que realmente

te guste en el cual te sientas comodo trabajando, trabajar en un rubro que no te gusta suele ser incomodo al final las personas no suelen seguir con el proyecto.

CÓMO ENCONTRAR TENDENCIAS

Los importadores como nosotros regularmente siempre investigamos tendencias que nos ayuden a encontrar el producto indicado, sin una tendencia es imposible atacar a un mercado en específico. Para esto existen varios métodos actuales que nos facilitan la búsqueda, regularmente estas herramientas se encuentran en internet, algunas son gratis y otras de pago.

Te dejo una lista con las herramientas más efectivas.

Google Trends

• Descripción: Google Trends permite analizar la popularidad de las búsquedas en Google a lo largo del tiempo.
• Cómo Usarlo: Introduce palabras clave relacionadas con productos de interés y observa cómo ha variado el volumen de búsqueda. Esto te dará una idea de qué productos están ganando popularidad.
• Beneficio: Identificación de tendencias emergentes y estacionales.

Redes Sociales

• Plataformas Clave: Instagram, TikTok, Pinterest, Twitter.
• Cómo Usarlas: Busca hashtags populares y sigue influenciadores en tu nicho de mercado. Observa qué productos están siendo mencionados y promovidos.
• Beneficio: Acceso a tendencias en tiempo real y percepción de la aceptación del público.

Amazon Best Sellers

• Descripción: La sección de los más vendidos de Amazon muestra los productos más populares en diferentes categorías.
• Cómo Usarlo: Explora las categorías relacionadas con tu mercado para ver qué productos están liderando en ventas.
• Beneficio: Identificación de productos con alta demanda y buenas reseñas.

Marketplaces de Comercio Electrónico

• Plataformas Clave: Alibaba, eBay, AliExpress.
• Cómo Usarlas: Investiga las secciones de productos más vendidos y los artículos destacados. Observa los comentarios y reseñas para entender la satisfacción del cliente.
• Beneficio: Acceso a un amplio rango de productos y feedback directo de los consumidores.

Blogs y Sitios de Noticias de la Industria

• Descripción: Blogs especializados y sitios de noticias ofrecen información sobre las últimas tendencias en

diversas industrias.
- Cómo Usarlos: Suscríbete a blogs y newsletters relevantes a tu nicho. Lee artículos sobre nuevos lanzamientos y productos populares.
- Beneficio: Información detallada y análisis de expertos sobre tendencias emergentes.

Búsqueda Física

Ferias y Exposiciones Comerciales

- Descripción: Eventos donde fabricantes y proveedores exhiben sus productos más recientes.
- Cómo Participar: Asiste a ferias comerciales relevantes a tu industria. Observa los productos que atraen más atención y habla con expositores para obtener información de primera mano.
- Beneficio: Conexiones directas con proveedores y acceso a productos innovadores antes de que lleguen al mercado masivo.

Tiendas Minoristas

- Descripción: Grandes almacenes, tiendas especializadas y centros comerciales.
- Cómo Usarlas: Visita tiendas y observa qué productos se están destacando en las estanterías y en las promociones. Presta atención a las nuevas llegadas y a los productos que se están vendiendo rápidamente.
- Beneficio: Entendimiento directo de las preferencias del consumidor y tendencias actuales.

Estudios de Mercado y Encuestas

- Descripción: Estudios realizados para comprender las preferencias y comportamientos de los consumidores.
- Cómo Realizarlos: Contrata empresas especializadas en estudios de mercado o realiza encuestas a tus clientes existentes para obtener información sobre sus intereses y necesidades.
- Beneficio: Datos concretos sobre lo que los consumidores están buscando y dispuestos a comprar.

Análisis de la Competencia

- Descripción: Observación de las estrategias y productos de tus competidores directos.
- Cómo Realizarlo: Visita las tiendas físicas y online de tus competidores. Analiza qué productos están promoviendo y cómo los están presentando.
- Beneficio: Identificación de oportunidades de mercado y áreas donde puedes diferenciarte.

Observación del Comportamiento del Consumidor

- Descripción: Estudio directo de cómo los consumidores interactúan con los productos en el punto de venta.
- Cómo Realizarlo: Pasa tiempo en tiendas observando qué productos llaman la atención de los clientes y cómo los evalúan antes de comprar.
- Beneficio: Información cualitativa sobre las preferencias del consumidor y la efectividad del merchandising.

Capítulo 4: Tipos de Proveedores

Fabricantes

Descripción: Los fabricantes son las empresas que producen los bienes desde cero. Son responsables de convertir materias primas en productos terminados.

Cantidad de Producto: Los fabricantes suelen vender grandes volúmenes de productos, generalmente en cantidades que se miden en contenedores completos.

Venta en Contenedores: Sí, los fabricantes normalmente venden en contenedores completos debido a la gran escala de producción y a la necesidad de optimizar costos de envío.

Rubro: Los fabricantes suelen especializarse en un rubro específico, aunque algunos pueden diversificar su producción en varias líneas de productos relacionadas.

Distribuidores Mayoristas

Descripción: Los distribuidores mayoristas compran productos en grandes cantidades directamente de los fabricantes y luego los venden a minoristas o a otros intermediarios.

Cantidad de Producto: Estos proveedores venden en volúmenes más pequeños que los fabricantes, pero aún manejan cantidades significativas, generalmente en pallets o medias cargas de contenedores.

Venta en Contenedores: Pueden vender en contenedores, pero también en cantidades menores según las necesidades del cliente.

Rubro: Pueden dedicarse a un rubro específico o a varios, dependiendo de la estrategia de negocio y de las demandas del mercado.

Distribuidores Minoristas

Descripción: Los distribuidores minoristas compran productos de mayoristas y los venden directamente a los consumidores finales.

Cantidad de Producto: Venden en cantidades mucho más pequeñas, adaptadas a las necesidades individuales de los consumidores.

Venta en Contenedores: No, los minoristas no venden en contenedores completos. Sus ventas se realizan en unidades individuales o en pequeñas cantidades.

Rubro: Suelen dedicarse a un rubro específico, aunque pueden ofrecer una variedad de productos dentro de ese rubro para atraer a diferentes tipos de consumidores.

Traders

Descripción: Los traders son intermediarios que facilitan las transacciones entre compradores y vendedores. No producen ni almacenan productos, sino que gestionan las ventas y el envío.

Cantidad de Producto: Pueden gestionar desde pequeñas hasta grandes cantidades, dependiendo de las necesidades del cliente y de las oportunidades de mercado.

Venta en Contenedores: Sí, pueden facilitar ventas en contenedores completos, especialmente cuando trabajan con fabricantes y grandes distribuidores.

Rubro: Suelen manejar varios rubros, ya que su enfoque está en encontrar oportunidades de negocio en diversos sectores.

Agente de Compras

Descripción: Los agentes de compras actúan en nombre de los compradores para encontrar los mejores proveedores y negociar las mejores condiciones de compra.

Cantidad de Producto: Varía según las necesidades del cliente; pueden gestionar tanto pequeñas como grandes cantidades.

Venta en Contenedores: Pueden organizar la compra de contenedores completos si es necesario, según los requisitos del cliente.

Rubro: Pueden especializarse en un rubro o trabajar en varios, dependiendo de su experiencia y red de contactos.

NOSOTROS COMO AGENTE DE COMPRAS TE PODEMOS AYUDAR A TRAER MERCANCÍA DESDE CHINA A TU PAÍS EN LATINO AMÉRICA

DUE DILIGENCE: EVALUACIÓN DE PROVEEDORES (CERTIFICACIONES, CAPACIDAD DE PRODUCCIÓN.

La diligencia debida en la evaluación de proveedores es un proceso crucial para cualquier empresa que busque minimizar riesgos y asegurar una cadena de suministro sólida. Abarca una revisión exhaustiva de diversos aspectos del proveedor, que van más allá de la simple capacidad de producción. Algunos puntos clave a considerar:

Certificaciones

Calidad: ISO 9001, normas específicas del sector.
Medio ambiente: ISO 14001, EMAS.

Seguridad y salud: ISO 45001, OHSAS 18001.
Responsabilidad social: SA 8000, SMETA.
Seguridad de la información: ISO 27001.
Cumplimiento legal: Verificar el cumplimiento de leyes laborales, fiscales y ambientales.

Capacidad de producción

Capacidad instalada: Volumen de producción, tecnología, maquinaria.
Flexibilidad: Capacidad de adaptación a cambios en la demanda.
Control de calidad: Procesos, inspecciones, gestión de no conformidades.
Plazos de entrega: Fiabilidad y capacidad de respuesta.
Innovación: Inversión en I+D, mejora de procesos.

Estas son algunas de las certificaciones que debe de tener una empresa o fabrica en China para poder importar.

Comparación y Elección del Proveedor

La elección del tipo de proveedor depende de varios factores como el volumen de compra, la naturaleza del producto y las necesidades específicas del negocio.

Fabricantes: Ideales para grandes volúmenes y productos personalizados.

Distribuidores Mayoristas: Convenientes para medianos volúmenes y diversificación de productos.

Distribuidores Minoristas: Adecuados para pequeñas cantidades y venta directa al consumidor final.

Traders: Útiles para operaciones flexibles y oportunidades de mercado variadas.

Agentes de Compras: Perfectos para externalizar la gestión de compras y negociaciones.

Tipos de Mercancía

En el comercio internacional, la clasificación de la mercancía es fundamental para comprender las regulaciones y restricciones que pueden aplicarse a diferentes productos. La mercancía se puede clasificar en tres categorías principales: productos de libre acceso, productos restringidos y productos prohibidos.

Productos de Libre Acceso

Descripción: Estos son productos que se pueden importar y exportar sin restricciones especiales. Suelen ser bienes de consumo cotidiano, materiales industriales básicos y otros productos que no plantean riesgos significativos para la salud, la seguridad o el medio ambiente.

Ejemplos:

- Ropa y textiles
- Electrodomésticos
- Artículos de papelería
- Juguetes
- Utensilios de cocina

Regulaciones: Aunque no tienen restricciones especiales, estos productos deben cumplir con las normativas generales de aduana y estándares de calidad del país importador. Es esencial verificar que cumplan con los requisitos de etiquetado, seguridad y calidad correspondientes.

Productos Restringidos

Descripción: Estos son productos que pueden ser importados o exportados, pero bajo ciertas condiciones y restricciones. Se requiere obtener permisos, licencias o cumplir con requisitos específicos antes de que puedan ser comercializados.

Ejemplos:

- Productos farmacéuticos
- Alimentos y bebidas
- Equipos médicos
- Productos químicos
- Materiales peligrosos

Regulaciones: Los productos restringidos están sujetos a controles adicionales que pueden incluir:

- Permisos de importación o exportación emitidos por autoridades competentes.
- Certificaciones de salud y seguridad.
- Cumplimiento de normas sanitarias y fitosanitarias.
- Inspecciones y controles en puntos de entrada y salida.

Productos Prohibidos

Descripción: Estos son productos cuya importación o exportación está totalmente prohibida por razones de seguridad, salud, protección del medio ambiente o políticas económicas y sociales.

Ejemplos:

- Sustancias narcóticas y drogas ilegales
- Armas y municiones no autorizadas
- Especies protegidas de flora y fauna (según CITES)
- Materiales radiactivos y nucleares
- Productos falsificados y pirateados

Regulaciones: Los productos prohibidos no pueden ser importados o exportados bajo ninguna circunstancia.

Las autoridades aduaneras y otras agencias de control están encargadas de hacer cumplir estas prohibiciones y pueden confiscar o destruir mercancías que violen estas normas. Además, los individuos o empresas que intenten comercializar productos prohibidos pueden enfrentarse a sanciones legales severas, incluyendo multas y penas de cárcel.

Nichos y micro nichos

Salud y Bienestar

Micro Nichos:
- Productos orgánicos y naturales
- Suplementos alimenticios especializados (ej. para veganos, deportistas)
- Tecnología wearable para monitoreo de salud
- Terapias alternativas (aromaterapia, acupuntura)

Tecnología

Micro Nichos:
- Gadgets ecológicos (tecnología verde)
- Dispositivos inteligentes para el hogar
- Accesorios de tecnología personalizados
- Software de productividad para freelancers

Fitness y Deporte

Micro Nichos:
- Equipos de ejercicio portátiles
- Ropa deportiva sostenible
- Aplicaciones de entrenamiento en casa
- Suplementos deportivos naturales

Educación

Micro Nichos:
- Cursos en línea para habilidades específicas (programación, marketing digital)
- Material didáctico para educación en casa
- Plataformas de tutoría personalizada
- Juegos educativos y herramientas de aprendizaje

Moda

Micro Nichos:
- Ropa ecológica y sostenible
- Moda para tallas grandes
- Accesorios de moda hechos a mano
- Ropa y accesorios personalizados

Viajes

Micro Nichos:
- Turismo ecológico y sostenible
- Experiencias de viaje temáticas (aventura, bienestar, cultura)
- Equipaje y accesorios de viaje innovadores
- Plataformas de intercambio de casas

Hogar y Decoración

Micro Nichos:
- Muebles multifuncionales y compactos
- Decoración minimalista y ecológica
- Accesorios de cocina inteligentes
- Jardinería interior y productos de huertos urbanos

Mascotas

Micro Nichos:
- Alimentos orgánicos para mascotas
- Juguetes interactivos para mascotas
- Ropa y accesorios de lujo para mascotas
- Tecnología para monitoreo de mascotas

Belleza y Cuidado Personal

Micro Nichos:
- Cosméticos orgánicos y naturales
- Productos de belleza para pieles sensibles
- Servicios de suscripción para productos de belleza
- Tecnología en cuidado personal (ej. dispositivos de

limpieza facial)

Sostenibilidad y Ecología

Micro Nichos:
- Productos de limpieza ecológicos
- Ropa y accesorios de materiales reciclados
- Tecnología de ahorro energético
- Soluciones de reciclaje doméstico

Negocios y Emprendimiento

Micro Nichos:
- Software de gestión para pequeñas empresas
- Servicios de marketing digital especializados
- Consultoría en sostenibilidad empresarial
- Herramientas para la automatización de negocios

Alimentos y Bebidas

Micro Nichos:
- Alimentos veganos y vegetarianos
- Bebidas funcionales (con beneficios adicionales como energía, relajación)
- Snacks saludables y sin aditivos
- Servicios de suscripción de alimentos gourmet

IMPORTACIONES EN AUMENTO

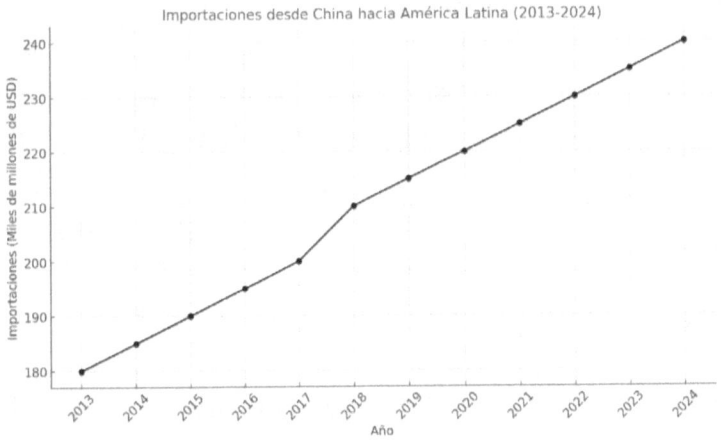

La gráfica que se muestra ilustra la tendencia de las importaciones desde China hacia América Latina en el período de 2013 a 2024. A lo largo de estos años, se observa un crecimiento sostenido en el volumen de importaciones, lo que refleja el fortalecimiento de las relaciones comerciales entre China y los países latinoamericanos.

Análisis de la Tendencia

Crecimiento Sostenido

Desde 2013, las importaciones han mostrado un crecimiento constante, partiendo de aproximadamente 180 mil millones de dólares en 2013 hasta un estimado de 250 mil millones de dólares en 2024.

Este incremento sugiere una creciente dependencia de América Latina en productos chinos, lo que podría estar impulsado por factores como la competitividad de los precios, la diversificación de la oferta y la expansión de las economías latinoamericanas.

Aceleración en la Última Década

El ritmo de crecimiento se ha mantenido estable, con un ligero aumento en la velocidad de crecimiento en los últimos años (2020-2024). Este repunte puede estar relacionado con la recuperación económica post-pandemia y el aumento en la demanda de productos electrónicos, textiles, y maquinaria, donde China es un proveedor clave.

Impacto en el Comercio Regional

La gráfica también resalta la influencia de China en el comercio internacional de América Latina. A medida que las economías latinoamericanas buscan diversificar sus fuentes de importaciones, China ha consolidado su posición como un socio comercial esencial en la región.

Factores Clave

Acuerdos Comerciales: La existencia de tratados de libre comercio y acuerdos bilaterales entre China y varios países latinoamericanos ha facilitado este incremento en las importaciones.

Competitividad de Precios: Los bajos costos de producción en China permiten que los productos importados sean más competitivos en el mercado latinoamericano.

Diversificación del Mercado: América Latina ha estado diversificando sus importaciones para incluir productos tecnológicos, maquinaria, textiles, y productos manufacturados, donde China tiene una fuerte presencia.

Perspectivas Futuras

La proyección para 2024 sugiere que las importaciones continuarán creciendo, impulsadas por la modernización industrial en América Latina, la creciente urbanización, y la expansión de sectores como la tecnología y la energía renovable.
Sin embargo, factores como cambios en las políticas comerciales, fluctuaciones económicas globales, y la evolución de las relaciones geopolíticas podrían influir en esta tendencia.

Terminología en las importaciones

Incoterms (Términos Internacionales de Comercio)

EXW (Ex Works): El vendedor pone la mercancía a disposición en su propio establecimiento; el comprador asume todos los costos y riesgos desde ese punto.
FOB (Free on Board): El vendedor es responsable hasta que la mercancía es cargada en el barco; el comprador asume los costos y riesgos a partir de ahí.
CIF (Cost, Insurance, and Freight): El vendedor paga los costos, el seguro y el flete para llevar la mercancía al puerto de destino, pero el riesgo pasa al comprador una vez que la mercancía se carga en el barco en el puerto de origen.
DDP (Delivered Duty Paid): El vendedor asume todos los costos y riesgos hasta que la mercancía es entregada en

el destino, incluyendo el pago de aranceles e impuestos.

Aranceles y Tarifas

Arancel: Impuesto aplicado a la importación de bienes.
Valor en Aduana: El valor de la mercancía en la frontera del país importador, sobre el cual se calculan los aranceles.
Arancel Ad Valorem: Arancel calculado como un porcentaje del valor en aduana de las mercancías importadas.
Tarifa Arancelaria: Lista de tarifas aplicadas a las diferentes categorías de productos al ser importados.

Documentación

Factura Comercial: Documento emitido por el vendedor al comprador que detalla los bienes vendidos, el precio, y los términos de la venta.
Lista de Empaque (Packing List): Documento que detalla el contenido, dimensiones, y peso de cada paquete enviado.
Conocimiento de Embarque (Bill of Lading, B/L): Documento que confirma la recepción de la mercancía por parte del transportista y sirve como título de propiedad de la mercancía.
Certificado de Origen: Documento que certifica el país de origen de la mercancía, necesario para la aplicación de aranceles preferenciales bajo tratados de libre comercio.

Transporte

Flete: Costo del transporte de la mercancía desde el punto de origen hasta el destino.

Carga Consolidada: Mercancías de diferentes remitentes que se agrupan en un solo envío para reducir costos.
Contenedor: Unidad de carga estandarizada utilizada para transportar mercancías por mar, tierra o aire.

Pagos Internacionales

Carta de Crédito (Letter of Credit, L/C): Compromiso de pago de un banco que garantiza que el vendedor recibirá el pago si cumple con los términos del acuerdo de venta.
Pago por Adelantado: El comprador paga antes de que la mercancía sea enviada.
Cuenta Abierta: El vendedor envía la mercancía y factura al comprador, quien paga posteriormente.

Regulaciones y Normativas

Regulaciones Sanitarias y Fitosanitarias (SPS): Normas que aseguran que los alimentos y productos agrícolas importados sean seguros para los consumidores.
Normas Técnicas: Requisitos que deben cumplir los productos importados en cuanto a seguridad, calidad y eficiencia.
Licencias de Importación: Permisos que algunos países requieren para importar ciertos productos.

Operadores en el Comercio Internacional

Agente de Aduanas: Profesional que actúa en nombre del importador para gestionar los trámites aduaneros.
Freight Forwarder (Agente de Carga): Empresa que organiza el transporte de mercancías desde el punto de

origen hasta el destino final.
Broker: Intermediario que facilita la transacción entre compradores y vendedores en el comercio internacional.

Políticas Comerciales

Dumping: Práctica de vender productos en el extranjero a precios inferiores a los del mercado local, a menudo regulado por medidas antidumping.
Cuotas de Importación: Restricciones que limitan la cantidad de ciertos productos que pueden ser importados en un período de tiempo específico.
Tratados de Libre Comercio (TLC): Acuerdos entre países para reducir o eliminar barreras comerciales como aranceles y cuotas.

Modalidades de Transporte

Transporte Multimodal: Uso de más de un tipo de transporte (por ejemplo, marítimo y terrestre) para mover mercancías desde el origen hasta el destino final bajo un solo contrato.
Transporte Intermodal: Movimiento de mercancías en una misma unidad de carga (por ejemplo, un contenedor) utilizando diferentes modos de transporte sin manipular el contenido.
Flete Aéreo: Transporte de mercancías por avión, generalmente utilizado para productos de alto valor o que requieren un envío rápido.
Flete Marítimo: Transporte de mercancías por barco, la opción más común para grandes volúmenes de carga a largas distancias.

Almacenamiento y Logística

Depósito Aduanero: Lugar autorizado por las autoridades aduaneras para almacenar mercancías bajo control aduanero antes de que se paguen los aranceles.
Inventario Justo a Tiempo (Just-in-Time, JIT): Estrategia de gestión de inventario que reduce al mínimo el almacenamiento al recibir las mercancías justo antes de que sean necesarias en el proceso de producción.
Cross-Docking: Técnica de distribución en la que los productos se descargan de un vehículo de transporte y se cargan directamente en otros vehículos, minimizando o eliminando el almacenamiento intermedio.

Términos Financieros

Pago Contra Documentos (Cash Against Documents, CAD): Método de pago en el que el comprador paga una vez que recibe los documentos de envío, que suelen ser manejados por un banco.
Remesa Documentaria: Método de pago en el que el vendedor envía los documentos de la mercancía a través de un banco, que los entrega al comprador solo después de recibir el pago o un compromiso de pago.

Control de Calidad

**Inspección Previa al Embarque (Pre-Shipment

Inspection, PSI): Verificación de la calidad y cantidad de las mercancías antes de ser enviadas desde el país exportador.

Certificación de Conformidad: Documento que certifica que un producto cumple con los estándares y normativas del país de destino.

Auditoría de Fábrica: Evaluación de la capacidad de un proveedor para cumplir con los requisitos de calidad, cantidad y plazos de entrega.

Riesgos y Seguros

Seguro de Carga: Póliza de seguro que cubre el riesgo de pérdida o daño de las mercancías durante el transporte.

Riesgo Político: Riesgo asociado con la inestabilidad política en el país de destino, que podría afectar el cumplimiento de los contratos de importación.

Seguro de Crédito a la Exportación: Seguro que protege al exportador contra el riesgo de impago por parte del importador.

Políticas y Regulaciones

Prohibiciones de Importación: Restricciones completas sobre la importación de ciertos productos en un país, generalmente por razones de seguridad, salud o protección ambiental.

Contingentes Arancelarios: Sistema que permite la importación de una cantidad limitada de un producto a una tasa arancelaria reducida.

Barreras No Arancelarias: Restricciones al comercio que no implican aranceles, como cuotas, licencias de importación, o regulaciones sanitarias.

Comercio Electrónico y Aduanas

De Minimis: Umbral bajo el cual las importaciones están exentas de aranceles y impuestos aduaneros, a menudo aplicable en el comercio electrónico.
Plataforma de Declaración Electrónica: Sistema digital que permite a los importadores y exportadores presentar declaraciones aduaneras de manera electrónica.

Normas Internacionales

ISO 9001: Norma internacional para sistemas de gestión de calidad, utilizada para asegurar que los productos y servicios cumplen con las expectativas del cliente.
Reglamento REACH (Registration, Evaluation, Authorization and Restriction of Chemicals): Normativa de la Unión Europea que controla el uso de sustancias químicas en los productos, aplicable a las importaciones que contienen ciertos materiales.

Términos Legales

Jurisdicción: Autoridad legal bajo la cual se resuelven las disputas relacionadas con el contrato de importación.
Fuerza Mayor: Cláusula que libera a las partes de cumplir con las obligaciones contractuales debido a eventos extraordinarios fuera de su control, como desastres naturales.

Códigos y Clasificación

Código Armonizado (HS Code): Sistema internacional

de clasificación de productos que facilita el comercio y la aplicación de aranceles y regulaciones aduaneras.

Clasificación Arancelaria: Proceso de determinar el código arancelario correcto para un producto, lo que afecta las tarifas, restricciones y regulaciones aplicables.

CONTENEDORES

Contenedor Estándar de 20 pies (TEU - Twenty-foot Equivalent Unit)

Dimensiones Externas:

- Longitud: 6.10 metros (20 pies)
- Ancho: 2.44 metros (8 pies)
- Altura: 2.59 metros (8.5 pies)

Capacidad Interna:

Volumen: Aproximadamente 33 metros cúbicos
Peso Máximo Bruto: 24,000 kg
Uso: Ideal para cargas pesadas y voluminosas que no ocupan mucho espacio, como maquinaria, productos metálicos, o mercancías en paletas.

Contenedor Estándar de 40 pies (FEU - Forty-foot Equivalent Unit)

Dimensiones Externas:

- Longitud: 12.19 metros (40 pies)

- Ancho: 2.44 metros (8 pies)
- Altura: 2.59 metros (8.5 pies)

Capacidad Interna:

Volumen: Aproximadamente 67 metros cúbicos
Peso Máximo Bruto: 30,480 kg
Uso: Se utiliza para transportar mercancías que requieren más espacio, como muebles, textiles, o bienes de consumo a granel.

Contenedor High Cube de 40 pies

Dimensiones Externas:

- Longitud: 12.19 metros (40 pies)
- Ancho: 2.44 metros (8 pies)
- Altura: 2.89 metros (9.5 pies)

Capacidad Interna:

Volumen: Aproximadamente 76 metros cúbicos
Peso Máximo Bruto: 30,480 kg
Uso: Similar al contenedor de 40 pies estándar, pero con mayor altura, ideal para cargas más ligeras pero voluminosas que requieren más espacio vertical.

Contenedor de 45 pies High Cube

Dimensiones Externas:

- Longitud: 13.72 metros (45 pies)
- Ancho: 2.44 metros (8 pies)
- Altura: 2.89 metros (9.5 pies)

Capacidad Interna:

Volumen: Aproximadamente 86 metros cúbicos
Peso Máximo Bruto: 32,500 kg
Uso: Utilizado para mercancías que requieren un espacio considerable en volumen y que exceden las capacidades de los contenedores de 40 pies.

Capítulo 5: Impuestos y aranceles

Los montos máximos de importación permitidos para no pagar impuestos varían según cada país y dependen de las regulaciones aduaneras específicas. A continuación, te proporciono una lista de algunos países de América Latina y sus respectivos montos máximos aproximados:

Argentina

Monto Máximo: USD 50 por compra en envíos postales internacionales.
Frecuencia: Hasta 12 envíos por año calendario.

México

Monto Máximo: USD 50 para envíos postales internacionales.

Frecuencia: Sin límite de envíos, pero cada envío debe cumplir con el monto máximo.

Colombia

Monto Máximo: USD 200 para envíos postales internacionales.
Frecuencia: No hay un límite específico de envíos, pero cada envío debe cumplir con el monto máximo.

Perú

Monto Máximo: USD 200 para envíos postales internacionales.
Frecuencia: No hay límite específico de envíos, pero cada envío debe cumplir con el monto máximo.

Chile

Monto Máximo: USD 30 para envíos postales internacionales.
Frecuencia: No hay un límite específico de envíos, pero cada envío debe cumplir con el monto máximo.

Brasil

Monto Máximo: USD 50 para envíos postales internacionales.
Frecuencia: Sin límite de envíos, pero cada envío debe cumplir con el monto máximo.

Uruguay

Monto Máximo: USD 200 para envíos postales

internacionales.
Frecuencia: Hasta 3 envíos por año.

Ecuador

Monto Máximo: USD 400 para envíos postales internacionales (4x4).
Frecuencia: Hasta 12 envíos por año calendario.

Venezuela

Monto Máximo: USD 100 para envíos postales internacionales.
Frecuencia: Sin límite de envíos, pero cada envío debe cumplir con el monto máximo.

Panamá

Monto Máximo: USD 100 para envíos postales internacionales.
Frecuencia: Sin límite de envíos, pero cada envío debe cumplir con el monto máximo.

Bolivia

Monto Máximo: USD 100 para envíos postales internacionales.
Frecuencia: Sin límite de envíos, pero cada envío debe cumplir con el monto máximo.

Paraguay

Monto Máximo: USD 100 para envíos postales

internacionales.

Frecuencia: Sin límite de envíos, pero cada envío debe cumplir con el monto máximo.

Sistema Armonizado

El Sistema Armonizado (SA) es un sistema de codificación internacionalmente reconocido y utilizado para clasificar los productos que se comercian a nivel mundial. Fue desarrollado y es mantenido por la Organización Mundial de Aduanas (OMA) y se basa en un sistema de seis dígitos que permite la identificación y clasificación uniforme de mercancías.

El principal propósito del Sistema Armonizado es facilitar el intercambio de bienes entre países al proporcionar una base común para la clasificación de productos en las aduanas y en los documentos comerciales. Esto ayuda a evitar confusiones y discrepancias en la interpretación de los productos, lo que a su vez simplifica los procedimientos aduaneros y promueve el comercio internacional.

La estructura del Sistema Armonizado se compone de:

Secciones: Nueve secciones que abarcan diferentes categorías de productos, como animales vivos, productos alimenticios, productos químicos, maquinaria, etc.

Capítulos: Cada sección se divide en capítulos que representan categorías más específicas de productos.

Partidas: Los capítulos se subdividen en partidas que describen los productos con mayor detalle.

Subpartidas: Algunas partidas se pueden subdividir en subpartidas para una clasificación aún más detallada.

Las primeras seis cifras del código del Sistema Armonizado son universalmente reconocidas y utilizadas por todos los países que lo adoptan. Algunos países también agregan dígitos adicionales para adaptar la clasificación a sus necesidades nacionales específicas. Esta clasificación armonizada facilita el seguimiento de las estadísticas comerciales a nivel mundial y ayuda en la aplicación de aranceles, regulaciones comerciales y políticas comerciales por parte de los países.

Ejemplo de Clasificación con el Sistema Armonizado

Supongamos que quieres importar laptops desde China a tu país.

Identificación del Producto:

Producto: Laptop (computadora portátil).
Buscar la Partida Arancelaria en el Sistema Armonizado:

Primero, necesitas encontrar la partida arancelaria correspondiente a las laptops. Según el Sistema Armonizado, las laptops suelen clasificarse bajo la sección

84 (Máquinas y Aparatos), en el capítulo 8471 (Máquinas automáticas para tratamiento o procesamiento de datos y sus unidades).

Código del Sistema Armonizado:

El código del SA para laptops es 8471.30. Este código identifica específicamente "Máquinas automáticas para tratamiento o procesamiento de datos portátiles, de peso no superior a 10 kg, que consisten al menos en una unidad central de procesamiento, un teclado y una pantalla".

Detalles Adicionales:

8471.30.00: Es el código completo en algunos países, pero puede haber más dígitos añadidos según la clasificación detallada de cada país.

Uso del Código en Aduanas:

Al realizar la importación, se utilizará el código **8471.30** para declarar la mercancía ante las autoridades aduaneras. Este código ayudará a determinar los aranceles, impuestos aplicables, y otras regulaciones que se deben cumplir.

Capítulo 6: Ciudades manufactureras en China

Dentro de China cada Ciudad tiene su rubro, cada una tiene su especialidad en crear algún tipo de producto, en este tema te mostrare la especialidad de cada ciudad una de ellas.

Guangzhou: Ubicada en la provincia de Guangdong en el sur de China, es una de las ciudades más importantes del país en términos económicos y comerciales. Conocida como una vibrante metrópolis y un centro comercial clave, Guangzhou se destaca en varios sectores, pero hay uno que sobresale: la industria manufacturera y el comercio internacional.

En particular, Guangzhou es famosa por su importante papel en la industria del comercio y la manufactura, siendo uno de los principales centros de producción y exportación de productos en China. La ciudad alberga una gran cantidad de fábricas y empresas relacionadas con la fabricación de una amplia gama de productos, incluyendo textiles, prendas de vestir, productos electrónicos, juguetes, muebles, productos de plástico y productos de consumo en general.

Además de su relevancia como centro manufacturero, Guangzhou también es conocida por su activa escena de comercio internacional. La ciudad alberga la Feria de Importación y Exportación de China (también conocida como la Feria de Cantón), una de las mayores ferias comerciales del mundo, que atrae a miles de expositores y compradores de todo el mundo cada año. Esta feria es un importante punto de encuentro para el intercambio de productos, la promoción comercial y la exploración de oportunidades de negocios internacionales.

Zengcheng: Zengcheng, una subdivisión administrativa de la ciudad de Guangzhou, también se encuentra en la provincia de Guangdong, en el sur de China. Aunque es conocida como una ciudad satélite de Guangzhou, Zengcheng ha emergido como un importante centro industrial especializado en la fabricación de prendas de vestir y textiles.

Esta área se ha ganado una reputación nacional e internacional por su destacada industria textil. Zengcheng es conocida por albergar una gran cantidad de fábricas y talleres de confección de prendas de vestir, que producen una amplia variedad de productos textiles, incluyendo ropa casual, ropa deportiva, ropa de moda y prendas de vestir de alta calidad.

La industria textil de Zengcheng se ha desarrollado gracias a la disponibilidad de mano de obra calificada, costos laborales relativamente bajos y una infraestructura industrial sólida. Además, la proximidad geográfica a Guangzhou y otros centros de transporte facilita la distribución de productos textiles a nivel nacional e internacional.

Además de la industria textil, Zengcheng también se ha diversificado en otros sectores, como la electrónica, la fabricación de muebles y la producción agrícola. Sin embargo, su reputación principal sigue siendo la producción textil, lo que la convierte en un destino importante para empresas y empresarios del sector de la moda y la confección que buscan oportunidades de fabricación en China.

Shenzhen: Shenzhen, una ciudad situada en la provincia de Guangdong, en el sur de China, es una potencia económica y tecnológica que ha experimentado un rápido crecimiento y desarrollo en las últimas décadas. Conocida como la "Ciudad de la Electrónica" y la "Silicon Valley de China", Shenzhen es famosa por su papel pionero en la industria de la tecnología y la innovación.

Una de las características distintivas de Shenzhen es su enfoque en la industria de la tecnología y la electrónica. La ciudad alberga a algunos de los gigantes de la tecnología más importantes de China, así como a numerosas empresas emergentes y startups de tecnología. Shenzhen es conocida por ser el hogar de empresas como Huawei, Tencent, DJI y BYD, entre otras, que han tenido un impacto significativo a nivel nacional e internacional en campos como las telecomunicaciones, la inteligencia artificial, la electrónica de consumo y la energía renovable.

Además de su destacado sector tecnológico, Shenzhen es un importante centro de fabricación y comercio internacional. La ciudad alberga uno de los mayores puertos de contenedores del mundo, el Puerto de Shenzhen, que facilita el comercio marítimo con países de todo el mundo. Además, Shenzhen cuenta con una Zona Económica Especial (ZEE) que ofrece incentivos fiscales y políticas favorables para las empresas extranjeras, lo que ha atraído a una gran cantidad de inversores y empresarios de todo el mundo.

Otro aspecto notable de Shenzhen es su ambiente emprendedor y su cultura de innovación. La ciudad es conocida por su ecosistema empresarial dinámico y vibrante, que fomenta la colaboración, la creatividad y la experimentación. Los espacios de trabajo compartido, los incubadores de startups y los centros de innovación abundan en la ciudad, brindando un entorno propicio para el desarrollo y el crecimiento de nuevas empresas y proyectos.

Shantou: Shantou, ubicada en la provincia de Guangdong en la costa sureste de China, es una ciudad portuaria y un importante centro industrial y comercial en la región. Aunque no tan conocida como otras ciudades chinas más grandes, Shantou ha desempeñado un papel crucial en la economía de China, especialmente en la industria manufacturera y el comercio internacional.

Una de las principales características de Shantou es su próspera industria de fabricación de juguetes y productos plásticos. La ciudad es conocida por albergar numerosas fábricas y empresas dedicadas a la producción de una amplia variedad de juguetes, artículos de plástico y productos relacionados. Esta industria ha florecido gracias a la presencia de un gran número de trabajadores calificados, así como a la infraestructura industrial desarrollada en la región.

Además de la industria de los juguetes y productos plásticos, Shantou también es conocida por su activo sector comercial y logístico. El puerto de Shantou es uno de los principales puertos de contenedores en la costa este

de China, facilitando el comercio marítimo con destinos nacionales e internacionales. La ciudad también cuenta con una Zona de Libre Comercio que brinda incentivos fiscales y facilidades para empresas extranjeras, lo que ha atraído inversión y comercio internacional a la región.
Dalang: Es un distrito situado en la ciudad de Dongguan, en la provincia de Guangdong, en el sur de China. Aunque puede no ser tan conocido como otras ciudades chinas más grandes, Dalang ha ganado reconocimiento internacional por su destacada industria de fabricación de prendas de vestir y textiles.

Este distrito es conocido como uno de los principales centros de producción de textiles y prendas de vestir en China. Alberga una gran cantidad de fábricas y talleres especializados en la fabricación y confección de suéteres, esto se debe a que contiene el mayor mercado dedicado a la lana. Convirtiéndose así en el sitio ideal para adquirir este tipo de tela.

La industria textil de Dalang se ha desarrollado gracias a la disponibilidad de mano de obra calificada, costos laborales relativamente bajos y una infraestructura industrial sólida. Además, la proximidad geográfica a otras ciudades importantes de la provincia de Guangdong, como Shenzhen y Guangzhou, facilita la distribución de productos textiles a nivel nacional e internacional.

Zhongshan: Es una ciudad situada en la provincia de Guangdong, en el sur de China. Con una rica historia y una próspera economía, Zhongshan ha sido un importante centro industrial y comercial en la región del delta del río Pearl.

Una de las características más destacadas de Zhongshan es su papel en la industria manufacturera, especialmente en la producción de electrodomésticos y productos electrónicos. La ciudad es conocida por albergar numerosas fábricas y empresas dedicadas a la fabricación de una amplia gama de productos, como electrodomésticos, lámparas, componentes electrónicos y productos de iluminación. La reputación de Zhongshan en la industria manufacturera se ha consolidado gracias a su infraestructura industrial desarrollada y su mano de obra calificada.

Además de la industria manufacturera, Zhongshan también se destaca en otros sectores, como el turismo y el comercio. La ciudad cuenta con una serie de atracciones turísticas, incluidos parques, museos y sitios históricos, que atraen a visitantes de todo el mundo. Además, Zhongshan alberga varias zonas comerciales y centros comerciales que ofrecen una amplia variedad de productos y servicios.

Otra característica importante de Zhongshan es su enfoque en la innovación y el desarrollo tecnológico. La ciudad ha invertido en la creación de parques industriales y zonas de desarrollo tecnológico para fomentar la investigación y el desarrollo en áreas como la tecnología de la información, la energía limpia y la biotecnología.

Foshan: Es conocida principalmente por su industria de fabricación de muebles. Es un centro líder en la producción de muebles, especialmente muebles de alta calidad y diseño. La ciudad alberga una gran cantidad de fábricas y empresas especializadas en la fabricación de una amplia variedad de muebles, incluyendo muebles para el hogar, muebles de oficina, muebles de exterior y accesorios relacionados.

La industria del mueble en Foshan se ha desarrollado gracias a la disponibilidad de recursos, mano de obra calificada y una infraestructura industrial sólida. La ciudad ha atraído a diseñadores, artesanos y empresarios de muebles de todo el mundo, lo que ha contribuido a su reputación como uno de los principales centros de fabricación de muebles en China.

Además de la producción de muebles, Foshan también es conocida por su industria de materiales de construcción y decoración del hogar, incluyendo azulejos, grifos, lámparas y otros accesorios. Estos productos complementan la industria del mueble y contribuyen al atractivo de Foshan como destino para profesionales del diseño de interiores y la construcción.

Yangjiang: Es una ciudad costera ubicada en la provincia de Guangdong, en el sur de China. Si bien es conocida por varias industrias, una de las más destacadas es la industria de cuchillos y herramientas de corte.

La ciudad de Yangjiang ha sido durante mucho tiempo un importante centro de producción de cuchillos y herramientas de cocina en China. Esta industria se ha desarrollado gracias a la rica tradición de fabricación de cuchillos en la región, así como a la disponibilidad de recursos locales de alta calidad, como acero y materiales de mango.

Los cuchillos de Yangjiang son conocidos por su excelente calidad, durabilidad y artesanía excepcional. La ciudad alberga numerosas fábricas y talleres especializados en la producción de una amplia gama de cuchillos y herramientas de corte, desde cuchillos de cocina básicos hasta cuchillos especializados y herramientas para chefs profesionales.

Además de la industria de cuchillos, Yangjiang también se destaca en la producción de otros productos relacionados con la cocina y el hogar, como utensilios de cocina, vajillas, y herramientas de jardinería. La ciudad es un importante centro de fabricación de productos para el hogar que se exportan a mercados de todo el mundo.

Ningbo: Es una ciudad costera situada en la provincia de Zhejiang, en el este de China, es conocida por su próspera industria manufacturera y su destacado papel como centro comercial y de transporte en la región del delta del río Yangtsé.

Una de las características más destacadas de Ningbo es su importancia como puerto marítimo clave en China. El Puerto de Ningbo-Zhoushan es uno de los puertos más grandes y activos del mundo, con instalaciones modernas y una infraestructura logística bien desarrollada que lo convierte en un importante centro de comercio internacional. El puerto maneja una amplia gama de productos, incluidos contenedores, mercancías a granel, petróleo y productos químicos, facilitando el comercio marítimo con destinos nacionales e internacionales.

Además de su papel como puerto marítimo, Ningbo es conocida por su próspera industria manufacturera, que abarca una amplia variedad de sectores. La ciudad alberga numerosas fábricas y empresas dedicadas a la producción de una variedad de productos, incluyendo maquinaria, equipos electrónicos, productos químicos, textiles, juguetes y productos de plástico. La mano de obra calificada, los costos laborales competitivos y la infraestructura industrial avanzada han contribuido al desarrollo y crecimiento de la industria manufacturera en Ningbo.

Otra característica importante de Ningbo es su enfoque en la innovación y la tecnología. La ciudad cuenta con varias zonas de desarrollo económico y parques industriales que se centran en la investigación y el desarrollo en áreas como la tecnología de la información, la biotecnología, la energía limpia y la fabricación avanzada. Estas iniciativas están diseñadas para promover la innovación y mejorar la competitividad de Ningbo en la economía global.

Yiwu: Conocida como la "Capital Mundial de los Pequeños Productos Comoditizados", es una ciudad situada en la provincia de Zhejiang, en el este de China. Es famosa por su mercado mayorista, el Mercado Internacional de Yiwu, que es el mercado de productos pequeños más grande del mundo y un importante centro de comercio internacional.

Una de las características más destacadas de Yiwu es su mercado mayorista, que abarca una enorme área y alberga miles de tiendas y puestos que ofrecen una amplia variedad de productos, desde artículos para el hogar hasta juguetes, electrónica, joyas, textiles, productos de papelería y mucho más. El mercado atrae a compradores de todo el mundo en busca de productos de calidad a precios competitivos, convirtiendo a Yiwu en un centro de comercio global.

Además de su mercado mayorista, Yiwu también es conocida por su activa industria de fabricación y exportación. La ciudad alberga numerosas fábricas y empresas dedicadas a la producción de una amplia gama de productos, que van desde textiles y prendas de vestir hasta artículos para el hogar, juguetes, accesorios de moda y más. La mano de obra calificada, los costos laborales competitivos y la infraestructura logística bien desarrollada han contribuido al éxito de la industria manufacturera en Yiwu.

Otra característica importante de Yiwu es su enfoque en el comercio internacional y la cooperación económica. La ciudad ha establecido relaciones comerciales con países de todo el mundo y ha participado en iniciativas de cooperación económica, como la Iniciativa del Cinturón y Ruta de la Seda, que han fortalecido su posición como centro de comercio internacional y plataforma de cooperación económica.

Shangyu: Es una ciudad ubicada en la provincia de Zhejiang, en el este de China. Aunque puede no ser tan conocida como otras ciudades chinas más grandes, Shangyu ha ganado reconocimiento por su próspera industria manufacturera y su papel en la economía regional.

Una de las características más destacadas de Shangyu es su enfoque en la industria textil y del vestido. La ciudad alberga numerosas fábricas y empresas dedicadas a la producción de una amplia gama de textiles y prendas de vestir, incluyendo ropa de moda, prendas de punto, tejidos para el hogar y más. La industria textil de Shangyu se ha desarrollado gracias a la disponibilidad de mano de obra calificada, costos laborales competitivos y una infraestructura industrial bien desarrollada.

Además de la industria textil, Shangyu también es conocida por su destacado papel en otras industrias, como la fabricación de productos químicos, la fabricación de maquinaria y la producción de productos electrónicos. La ciudad alberga una serie de empresas líderes en estos sectores, que contribuyen significativamente a su economía y crecimiento industrial.

Otra característica importante de Shangyu es su ubicación estratégica y su infraestructura de transporte bien desarrollada. La ciudad se encuentra cerca de importantes centros urbanos y puertos marítimos, lo que facilita el transporte de mercancías y el comercio internacional. Además, Shangyu está conectada por una red de carreteras y ferrocarriles que la vinculan con otras ciudades importantes de la región y del país.

Zhili: También conocida como Chilicheng, fue una antigua ciudad en la provincia de Zhejiang, China. Aunque no es una ciudad moderna en el sentido contemporáneo, Zhili desempeñó un papel histórico significativo en la economía y la cultura de China.
Durante la dinastía Ming y la dinastía Qing, Zhili fue un importante centro de producción de seda y tejidos de alta calidad. La ciudad era conocida por su artesanía excepcional y su capacidad para producir telas exquisitas que eran altamente valoradas tanto en el mercado interno como en el comercio internacional. La industria textil de Zhili contribuyó al desarrollo económico de la región y

atrajo a comerciantes y artesanos de todo el país.

Además de su industria textil, Zhili también era conocida por su rica historia cultural y su importancia como centro educativo. La ciudad albergaba varias instituciones educativas, incluidas escuelas confucianas y academias, que desempeñaban un papel crucial en la transmisión de conocimientos y valores tradicionales chinos.

Wenzhou: Una ciudad situada en la provincia de Zhejiang en el este de China, es conocida por su espíritu emprendedor, su vibrante economía y su papel destacado en el comercio y la fabricación.

Una de las características más notables de Wenzhou es su próspera industria de fabricación y exportación. La ciudad alberga una amplia gama de empresas, desde pequeñas y medianas empresas hasta grandes corporaciones, que se dedican a la producción de una variedad de productos, incluyendo calzado, prendas de vestir, productos electrónicos, maquinaria, accesorios de moda y más. La mano de obra calificada, los costos laborales competitivos y la infraestructura industrial bien desarrollada han contribuido al éxito de la industria manufacturera en Wenzhou.

Además de su industria manufacturera, Wenzhou también es conocida por su espíritu empresarial y su cultura empresarial única. La ciudad ha sido durante mucho tiempo un semillero de empresarios y emprendedores que han creado empresas exitosas en una variedad de sectores. El comercio y la inversión son parte integral del ADN de Wenzhou, y la ciudad ha establecido relaciones comerciales con países de todo el mundo.

Keqiao: Es un distrito situado en la ciudad de Shaoxing, en la provincia de Zhejiang, en el este de China. Es conocido como uno de los mayores centros de producción y distribución de textiles y tejidos del país.

Una de las características más destacadas de Keqiao es su importante papel en la industria textil. La ciudad alberga un gran número de fábricas, talleres y empresas dedicadas a la producción de una amplia variedad de textiles y tejidos, incluyendo seda, algodón, lana, poliéster y más. Keqiao es conocido por sus tejidos de alta calidad, su innovación en diseño y su capacidad para producir una amplia gama de productos textiles para el mercado nacional e internacional.

Además de su industria textil, Keqiao también es conocido por su activo mercado de textiles. El Mercado Internacional de Textiles de Keqiao es uno de los mercados de tejidos más grandes del mundo, que atrae a miles de compradores nacionales e internacionales cada año. El mercado ofrece una amplia variedad de productos textiles, desde telas crudas y tejidos a granel hasta productos acabados y prendas de vestir listas para la venta.

Jinjiang: Es una ciudad ubicada en la provincia de Fujian, en el sureste de China. Es conocida por ser un importante centro de fabricación de prendas de vestir, calzado y productos textiles.

Una de las características más destacadas de Jinjiang es su próspera industria del calzado. La ciudad es conocida como la "Capital del Calzado" de China y alberga numerosas fábricas y empresas dedicadas a la producción de una amplia variedad de calzado, incluyendo zapatos deportivos, zapatos casuales, zapatos de moda y más. La mano de obra calificada y la experiencia en la industria del calzado han contribuido al éxito de Jinjiang como centro de fabricación de calzado.

Además de la industria del calzado, Jinjiang también es conocida por su industria textil y de prendas de vestir. La ciudad produce una variedad de productos textiles, incluyendo tejidos, prendas de punto, ropa deportiva, ropa casual y más. La combinación de la industria del calzado y la industria textil ha convertido a Jinjiang en un importante centro de fabricación de prendas de vestir y calzado en China.

FERIA DE CANTON

La Feria de Cantón (Canton Fair), oficialmente conocida como la Feria de Importación y Exportación de China, es el evento comercial más grande y significativo de China. Se celebra en la ciudad de Guangzhou, ubicada en la provincia de Guangdong, y ha tenido lugar dos veces al año (en primavera y otoño) desde su primera edición en 1957. Es una de las ferias comerciales más longevas del mundo y juega un papel clave en el comercio internacional entre China y otros países.

Características principales de la Feria de Cantón:

1. Diversidad de productos

La Feria de Cantón abarca una amplia gama de sectores industriales, agrupados en tres fases para facilitar la visita de compradores según sus intereses:

Fase 1: Productos electrónicos, electrodomésticos, vehículos, maquinaria, hardware y herramientas, materiales de construcción y productos de iluminación.

Fase 2: Bienes de consumo, regalos, decoración para el hogar, productos de jardinería, mobiliario, juguetes y artículos personales.

Fase 3: Textiles, prendas de vestir, calzado, productos de oficina, maletas, alimentos y productos médicos.

2. Escala internacional

- Es la feria de comercio más grande de China y una de las más grandes del mundo.

- Reúne a más de 25,000 expositores nacionales e internacionales y atrae a más de 200,000 compradores de todo el mundo.

- Empresas de casi todos los sectores participan para mostrar sus productos y servicios a clientes internacionales y para establecer redes comerciales.

3. Plataforma de intercambio comercial

La Feria de Cantón es un punto de encuentro entre empresas chinas e internacionales, funcionando como una plataforma ideal para que compradores y vendedores exploren oportunidades de cooperación. Los expositores presentan una amplia gama de productos, desde innovaciones tecnológicas hasta artículos más tradicionales de fabricación masiva. Además, es común cerrar negocios directamente en la feria, facilitando la creación de contratos de compra y exportación.

4. Ubicación y logística

Se lleva a cabo en el imponente Complejo de la Feria de Cantón (Pazhou Complex), un centro de exposiciones moderno y enorme con infraestructura avanzada para acoger a miles de visitantes y expositores simultáneamente.

5. Innovación tecnológica

En las últimas ediciones, la Feria de Cantón ha mejorado su formato incluyendo una plataforma virtual para compradores que no pueden asistir en persona. Este formato híbrido combina la feria física con la posibilidad de realizar negocios en línea, lo que ha sido esencial, especialmente durante los últimos años debido a las restricciones de viaje relacionadas con la pandemia.

6. Importancia económica

- La feria es un termómetro del comercio global y un punto de referencia para medir las tendencias de producción y consumo en China.

- También desempeña un papel vital en la estrategia de comercio exterior de China, promoviendo el desarrollo económico y la apertura del país al mundo.

Beneficios de asistir a la Feria de Cantón:

Variedad de productos: Acceso directo a una increíble diversidad de productos y proveedores en un solo lugar.

Oportunidades de negocio: Posibilidad de negociar precios y condiciones directamente con los fabricantes.

Exploración de nuevas tendencias: Permite descubrir las últimas innovaciones tecnológicas y productos emergentes.

Red de contactos: Es un lugar clave para establecer relaciones con proveedores, distribuidores y otros socios comerciales.

FERIA DE YIWU

La Feria de Yiwu, oficialmente conocida como la Feria Internacional de Productos Básicos de Yiwu, China, es una gigantesca feria comercial que se celebra anualmente en Yiwu, China. Es reconocida como una de las ferias de bienes de consumo más grandes e influyentes del mundo.

Características principales de la Feria de Yiwu

Amplia gama de productos: La feria exhibe una increíble variedad de productos, incluyendo ferretería, artículos para el hogar, juguetes, textiles, prendas de vestir, artesanías y mucho más. Puedes encontrar casi cualquier cosa imaginable aquí.

Participación global: Expositores y compradores de todo el mundo asisten a la feria, lo que la convierte en un evento verdaderamente internacional.

Oportunidades de negocio: La Feria de Yiwu es una plataforma privilegiada para que las empresas se conecten, encuentren productos, negocien acuerdos y se mantengan al día sobre las tendencias del mercado.

Ubicación conveniente: Yiwu está estratégicamente ubicada en la provincia de Zhejiang, con excelentes conexiones de transporte a las principales ciudades de China e internacionales.

Tanto si eres un importador experimentado, un pequeño empresario o simplemente sientes curiosidad por el mundo de los bienes de consumo, la Feria de Yiwu es una experiencia que no te puedes perder. Es un mercado vibrante donde puedes descubrir nuevos productos, conectar con proveedores y explorar las infinitas posibilidades del comercio global.

RESUMEN EN VARIOS PASOS

En resumen, tienes que aplicar una serie de pasos para poder importar tu primera mercancía desde China, desde saber que quieres vender, investigación de nichos hasta saber temas de Aduana e impuestos, temas necesarios a la hora de importar.

Paso 1: Bajo este primer paso tendrás que investigar el nicho o micro nicho, por ejemplo: Joyas personalizadas. Tengo que investigar donde quiero vender este producto, si físicamente o Internet, margen de ganancia, inversión inicial, la competencia que tiene este producto en tiendas en Internet, incluso este paso es fundamental, te recomiendo que investigues muy bien a tu competencia, busca alguna debilidad para tu poder mejorar ese punto a futuro.

Paso 2: Si compras por Internet directamente el segundo paso sera hablar muy bien con la fabrica o empresa y que esta tenga todos los permisos necesarios para poder importar hacia tu País y de tu parte asegurarte que lo que quieras importar este permitido entrar a tu País.

Otro punto es que si compras a traves de una Agencia de Aduana ellos tienen parte de la información que necesitas para poder Importar.

Paso 3: Este paso es contactarnos directos a nosotros como Broker en China y nosotros gestionamos todo el tramite desde China, tenemos contactos en las Fabricas más importantes en China. Tenemos los siguientes beneficios:

Conexiones locales: Los brokers tienen relaciones establecidas con fabricantes confiables, lo que facilita el acceso a productos de calidad.

Negociación de precios: Ayudan a obtener mejores precios y condiciones de pago gracias a su experiencia y conocimiento del mercado local.

Gestión logística: Coordinan el transporte, manejo aduanero, y aseguramiento de la mercancía, reduciendo errores costosos.

Ahorro de tiempo: Simplifican el proceso de importación, desde la búsqueda de proveedores hasta la entrega, lo que permite al importador enfocarse en otras áreas del negocio.

Supervisión de calidad: Verifican que los productos cumplan con los estándares acordados, evitando problemas con la mercancía.

CONCLUSIÓN

Importar desde China ofrece enormes oportunidades de crecimiento para emprendedores y empresas de cualquier tamaño. A lo largo de este libro, hemos explorado los pasos esenciales para lograr una importación exitosa, desde la identificación de nichos rentables, la selección de proveedores confiables, hasta la gestión de la logística y las regulaciones aduaneras. La clave del éxito radica en la planificación, el análisis de mercado y la comunicación clara con los proveedores.

Hoy en día, las herramientas y plataformas disponibles facilitan el acceso directo a fábricas chinas, eliminando intermediarios y permitiendo que tu negocio sea más competitivo a nivel global. Sin embargo, es crucial seguir las mejores prácticas: investigar bien a los proveedores, negociar contratos sólidos y estar informado sobre las normativas locales de importación.

Ahora, con el conocimiento adquirido, estás listo para aprovechar todo el potencial de este mercado global. ¡El próximo paso es tomar acción y empezar a importar de manera eficiente y estratégica desde China!

www.ingramcontent.com/pod-product-compliance
Lightning Source LLC
Chambersburg PA
CBHW031222230426
43667CB00009BA/1447